배꼽이 맛있는 남자

형상시인선 08

배꼽이 맛있는 남자

이성자 시집

북랜드

序詩

지팡이의 시

떨어져서 서걱거리는 오동잎에 엄마가 발을 얹는다

간당 없는 겨울바람 속 버석거리는 마흔살을 넘기면서
거미의 몸을 닮아가는 내게도
삶이 흔들리지 않게 할 지팡이는 필요했던 것

후들거리는 두 다리를 받쳐주려 베어온 나뭇가지
이것에게 지팡이라는 이름을 붙여준다

고단해서 그늘로 기어드는 길의 가장자리를 짚고
한낮 지팡이나무를 세워두니
누구의 그늘이 되고, 새도 깃들인다

엄마 지팡이 닮은 시를 쓰고 싶어졌다

이성자

차례

1
장미꽃 삼단 서랍장

2
철학하는 나무

3
꽃은 달을 마신다

4
연애편지

1
장미꽃 삼단 서랍장

너를 부른다

개여귀 꽃잎에 이슬을 펴느라 잠자리는
물안개에 몸 숨겨 다가가도
모른다, 차마 내 가슴이 너 그리웠다고
고백하는 나만 바쁘다

현혹하듯 무언無言의 몸짓으로 길게 뻗은
창밖 나뭇가지
나 좀 보라고 흔드는 푸른 손짓

행복은 왜 꼭 그렇게 나와 불균형인 건지
비는 둥근 물방울로 와서
후두둑 나뭇가지를 흔들어 놓고
잠자리와 나 사이의 창문을
두들기고 간다

장막 속 갇힌 시간에게
형태를 으깨는 아우성이던 비는
움직이는 눈물이 되어
하늘과 땅의 손 맞잡는다

>

젖은 옷이 닿은 바람에 마르듯
어루만져 주어야 환하게 피어날
창밖 햇살 같은 미소의 너를
아득한 개여귀 내 사랑이라 부른다

모듬내길 · 1

가만히 좋아해야 할 길

어느 날 갑자기
자작나무 숲으로 날아온 가슴 붉은 딱새처럼
꽁지깃으로 켜는 사랑

산은 그리 높지 않아도 평안하고
물은 그리 깊지 않아도 시원스럽고
숭고하진 않지만 안온한
아름다움은 달빛에 젖어야 핀다던가

밤에는 슬픔이었던 것들이
낮이 되자 뭉근한 기쁨 되어
급물살 위 종이배로 뒤집힌다

길이 단절된 절벽에서
세상이 주는 고통을 보았다면
소멸을 생각하는 폭 좁은 길로 가야겠지

>

보를 타고 넘는 여름물이
콸콸콸 힘차게 흐르는
회천강 모듬내길*

* 모듬내길 : 고령군 회천강변을 따라 난 자전거 산책길

모듬내길 · 2

길에서 길을 잃어버린 길을
찾는다, 나이에 무거운 종 하나 매달아
닳고 닳아 뭉툭한 가슴이
산책삼아 별 뜬 밤 모듬내길 다녀오니
어느새 깃털처럼 가벼워진다

그것 모르고 詩를 어찌 알며
그것 모르고 제 삶을 어찌 알랴만
가는 길 있어, 거기서 돌아오는 길이
가만히 묻는다, 기다림만으론 부족한가를

늘 잊지 말고 말없이
퍼 올릴 텅 빈 하늘을 그리워하라고
마음 깊은 곳에 오래전 스스로 파둔 우물

정녕 위기는 싫지만
또한 위기가 때로는 다시없는 기회라고
내린 가을비가
따뜻한 침묵의 길
발등에 얹힌다

딱지풀

언 땅과 녹은 땅
그 경계가 가렵다

종이접기 딱지치기에
신나는 동네 꼬마 녀석들
인중에 앉은 코딱지가
웃고 있다, 노오랗게

가느다란 팔다리에
솜털 오종종 박힌 풀은
언제 보아도 개구지다

피는 버들잎 건너 밟은
바람이 앙증을 피웠다

떨켜의 자리

붉음으로 온통 순환되어버린
나무의 왼쪽 가슴자리에
생겨난 떨켜

가을이면 어김없이
겨울을 만나기 전에 먼저
나무가 내려놓는 고해의 자세다

상처에 남는 떨켜는
하릴없이 서성이는 마흔이
남기고 싶은 쓸쓸함의 흔적이다

수종이 너무 좋아서
아끼고 아껴 두었던 나무가
뿌리를 지키기 위해서
잎사귀를 먼저 내리듯이 그렇게
우리는 만났던 것

그대와 나

떨켜의 자리로 남았으면
아픔 없이 남았으면
그랬으면

늪

엉겨 붙다 하얗게 말라 버석거린다
비에 젖으면 난 다시 미끈거렸다
끈적끈적 진흙이 바닥인 늪은
블랙홀처럼 알 수 없는 유혹
가슴 졸이는 당신 앞에
다시는 헤어나지 못할 두려움 되어
나, 아가리를 벌린 것이다

늪은 움직일수록 빨려들어 간다고 했던가?

잔대꽃인 줄 알면서도 같은 보랏빛이라고
금강초롱인 줄 착각할 때 당신은 무뇌아처럼
늪에 빠져 허우적댈 것이다

근시적 사랑에 빠져 광기를 보이던 니체처럼
위험일지라도 취한 듯 홀린 듯
지독한 호기심에
자신도 모르게 스르르 한쪽 발을
들이미는 당신

남은 한쪽 발은 언제까지 안전할까

비가悲歌

바람이 바람 속으로 분다
숨죽인 바람이 낯선 바람을 지나
눅눅한 대지에 잠든 양을 깨운다

적절히 숨죽인 지열을 식혀놓으면
균열을 일으키며 일순간 퍼붓는 비
멀어지는 너에게 다가가기 위해
밤에 허공을 향해 무섭도록 짖어댄다

아플 수도 없는 사랑이 사랑이라서
우리 사랑은 저토록 처연하다
순식간에 따르고 그쳐버린 가을비에서
너의 향기가 난다

잎잎이 빨갛게 익어갈 가문비나무처럼
잃어버린 것이 무엇인지, 무엇을 두고 왔는지
계절은 또 한 잔의 술잔처럼
한 순배를 돌고 있다

퇴색

온전히 왔다가 싸늘하게 완전히 가버리면
남은 것은 덩그러니 매달린
추녀 끝 바람 한 점

소리 없이 온 것도
있는 듯 없는 듯 내 곁에 머무른 것도
찰나의 한 순간이었음을

빛바랜 문풍지처럼 사랑도 눈에서 멀어지면
시린 바람 지날 때마다 소리 내어 울어야 한다는 것을

그래도 차마 잊지 못하면
숨죽여 벌어진 문틈 드나들며
소리 없이 비 내리는 밤에
가만히 축축해지는 문풍지가 되지

추녀 끝에 녹슬며 빙그르르 도는
풍경과의 거리에서
사랑, 퇴색되고 있다

화본역花本驛

물결 일렁일 때마다 꽃잎은 속삭였다

못물은 이내 홍련 향기 가득하고
바람이 지나갔다는 흔적인지
이제는 지워진 수많은 이름들
운동장 만국기로 걸렸다

펄럭인다, 느티나무는 이끼를 덮고도
내일이면 보내고 맞이할 봇짐 하나씩
발차시간 없는 기차에 실린다

우리는 여름 뙤약볕을 피해
더운 입김 뿜으며 냄비 우동을 비웠다

지는 꽃잎 놓쳐버린 꽃받침처럼
내일이면 여전히 빈손으로 떠나야하는
푸르도록 그리운 화본역花本驛

바람 눕는 우산이끼 위에서
산모퉁이 돌아 나오는 기차처럼
나머지 생은
꽃잎 위에서 미끄럼을 타련다

외눈박이 물고기

연지蓮池의 파문에 눈 찔린 물고기
어리석게도 아주 어리석게도
어긋나는 사랑, 눈먼 사랑을 하였다

아이라인을 그릴 때처럼
두 눈을 갖고도 한쪽 눈 감아버린 당신은
내 지고지순을 제대로 바라보지 못하였다

아프다 슬프다 이런 말이나 지껄이는 게 전부
아무 말도 하지 못하는 것이 사랑이라는 걸
당신은 알게 하고 훌쩍 떠났다

눈물이 흐르니까 아프구나!
목안이 조여 오니까 답답하구나!
그리우니까, 막연히 애달아 하다가
눈이 멀어 놓쳐버린 사랑을
가시연꽃 얼룩진 핏빛 자리에서 본다

정말 이별이란 건 말이야
산 그림자를 어둠이 뒤덮는 것

미끄덩한 지느러미는 가졌으나 마나
물에 빠져 지표를 잃는 것

남아 있는 외눈의 방향으로 허우적거리듯
물고기 연지를 돌고 돈다

영시암

푸르른 향기 가득 담은 옥병을
그대에게 보내고 싶습니다

메마른 그대 들숨에 섞여들게 하고 싶습니다

설악산 중턱 영시암에 앉아
차소리도 없고 번잡한 기계소리도 없는 곳에서
휴대폰마저도 통화권 이탈에 들어가버리면
자연의 소리에 숨소리를 보탭니다

두 다리로 걷다가 주저앉아서
자생하는 청단풍도 한번 눈에 넣어 보고
서어나무도 한번 둘러보고
금강송 그늘 아래 등기대고 앉아서
메마른 목을 오이로 달래면서 다가선 영시암

구절초 띄운 찻잔 속에서
그대는 마음으로 녹이고 싶은 길입니다
오로라가 스르르 맑은 빛에 사라지듯
단아한 마음의 옥류에 풀어봅니다

>

가파르게 흐르던 물이 쉬어가는 용소가 있어
옥병 속인 여기가 그대 품안인 듯
가파르게 출렁인 세월을 잠시 놓아봅니다

상추밭에서

살 오른 상추를 솎다가
꽃상여가 흘린 흰 눈물을 봅니다

골골 한 발을 내딛고서
한 움큼씩 쥐어드는 왼손
허연 뿌리가 뽑히지는 않았는지
연한 입만 똑똑 따낸 건 아닌지
배려하는 마음이 상추솎기에 묻어있어
종족 번식을 지킬 상추는
흰 눈물 자리에 그대로 둡니다

어머니 치마폭이 거기서 출렁
핏덩이 나를 받아낸 것처럼
치마폭 같은 작은 밭은 달근해집니다

포륵포륵 바람에 나부낀 잎들이
거룻배로 밥상을 건너옵니다

등

등나무 아래에 걸린 등불
너울너울 흘러와 꽃핀 여자는
다 저렇게 어여쁠까

화안한 등 아래 선
듬성듬성한 꽃숭어리도 춤
코끝을 파고드는 실낱같은 봄바람에
벌렁벌렁 할딱거리는 콧구멍

옳고 그름의 선이 분명한 사람도
흐릿한 불빛 등 아래선 너물거리고
자지러지듯 까르르 온몸으로 넌출거린다

봄밤 등나무 아래 서면 기미적은 기분에
한 번 더 올려다 볼 수밖에 없는
등燈 아래 봄꽃은 릴케의 시詩다

밤에 핀 여인의 요염이
얼마나 멀리까지 향기를 날릴까

사도의 발자취

누구의 발자국입니까. 사도沙島, 아무리 오래 들여다 보아도 詩 한줄 그물코에 걸리지 않아 그 사도에 바다를 간 보듯 웅크리고 앉은 여자, 그 여자 어루만지듯 포말은 부서진다

눈 속에 바다를 다 그린 그 여자, 사도를 펼쳐놓고 혼자서 놉니다. 한 잔은 빈잔, 또 한 잔은 가득히 채워서 언제 돌아올지도 모르는 버석거리는 모래에게 부어줍니다

바다로 간 여자 너울 속에 갇혀버린 마음을 휘저으며 주꾸미 셋 앉혀놓고 혼자서 놉니다. 바퀴에 비를 달고 가는 소리가 오래전 기억 속에서 오르골의 태엽처럼 감겨 옵니다. 고통 없이 아름다운 소리가 어떻게 나오고 아픔 없이 사랑이 어떻게 오겠느냐고 손안의 모래를 주르르 흘립니다

여수항 근처 어느 섬이었다가 그대와 내가 찾은 섬이었다가 이제는 사도라는 이름을 가진 공룡의 발자국 쿡

찍어서 도그마에 빠지지 않기 위해 휘어진 바지랑대에 걸린 바람처럼, 윙윙거리는 발자취를 간질러 봅니다. 붉은 황톳물처럼 저녁놀 번지는 그녀는 또 사도沙島에 갑니다

장미꽃 삼단 서랍장

보아요, 외롭다는 건 외로워서 외로운 게 아니라
무성한 숲에 남겨진 한 송이 꽃같이
단지 혼자이기 때문에 외로운 것이죠

화려한 장식서랍 한 칸 한 칸 열 때마다
장미꽃 슬픔이 쏟아져요, 아픔이 쏟아져요
출렁거리는 말 못할 사연들
아픔과 상처가 고스란히 담겨 있어
서랍은 낡아가도 속을 열어 놓지 않지요

상처는 검붉죠, 마른 서랍 어딘가에
벌어져 언제 터질지 모를 아픔이 들어있죠

그러니까 당신 자꾸 들춰내지 말아요
수치심으로 일그러진 당신 얼굴 보고 싶지 않아요
베어진 나무토막도 살아보려고 싹을 틔우는데
하물며 사람인 내가 팔 하나 없어졌다고
주저앉을 순 없잖아요

아등바등 살다 우스운 모양으로 기우뚱거린다 해도

베어진 상처를 동여매본 당신이라면 비웃지 말아줘요
입술에 맺힌 핏빛 장미꽃잎이 있는 한
애면글면 하루를 열어 갈 거니까요

흔들리는 마음은 이미
낡은 장미꽃 삼단 서랍 안에 꼭꼭 여며 두었죠

3월의 물빛

또록또록 맺힌 물빛을 보려고
자연환경연수원 뜨락에
노란우산 하나 들고 선다

작은 알전구보다 더 초롱초롱 반짝 맺힌 물은
황금빛이다, 연초록빛이다, 분홍빛이다

무수히 부서지고 핥으며
끊임없이 기어오르던 저 포말도
종국에는 두 손 들고야 마는 거지만
부딪혀서 삼킬 수는 있을지언정
소화시키지는 못해 미끌리는 우산위의 빗물

현호색에도 물들지 않을
3월의 물빛이고 싶었던 나는
거스를 수는 있어도
잠식하지는 못하는 바위 앞에서
저 선명한 3월의 물빛은 어디에서 오는가를
곰곰 생각에 잠긴다

느티나무 경계석

당신이 떠나버린 뒤 텅 빈 운동장에 가로등의 투시가 있어 이파리의 난맥같이 내 삶은 도드라져 버렸다. 아주 작은 움직임과 소리에도 촉을 세우는 여치처럼 소출도 소득도 없는 까마득한 어둠은 혼자서 두려움에 겨워 방아를 찧는다. 먼 옛날 할머니가 약손의 처방마냥 신열에 허덕이는 나의 더운 가슴을 어둠속에서도, 휘몰아치는 비바람에도 여린 나뭇잎처럼 이리 저리 흔들리지 않게 어루만져 줄 그대를 기다린다. 오랜 가뭄으로 지간에 이미 물은 말라 버리고 흔들리는 지층은 균열이다 모든 것이 한 순간에 무너져 내리는 아픔. 처음에 아무것도 없었듯이 처음으로 돌아가는 길일진대 아무래도 그 처음은 아닌가보다. 빨강머리 앤처럼 재 투성이 상처만 남아 강릉과 삼척의 경계석 앞에서 묻노니, 내 삶의 경계는 어디까지인가

배꼽이 맛있는 남자

푸르름을 베어 물겠다던 청춘의 절정기에
난 배나무 아래 있었다
아버지 몰래 따 먹던 청배의 사근사근한 맛이
까칠한 입안에 침 고이게 하던 나무
그 배나무는 아낌없이 핥아 먹도록 제 속살을 내어주었다
뭉게구름 흘러가는 파란 하늘아래 그곳에서
속살은 하얗고 껍질은 푸르기가 청년의 배꼽 같은
배의 속살을 만났으니, 이빨은 씨앗 쪽으로 가서
새콤함에 혀조차 갈수록 익숙해졌다
배꼽까지도 움찔하게 만드는, 배꼽이 더 맛있는 배가
굶주림과 정에 허기진 그날, 청배가
그리움 깊어진 날이면 움켜쥐게 하는 내 뱃골
뱀이 포식한 후에 나른하게 똬리를 틀고
햇빛 속에서 포만감에 졸리는 눈을 내리깔 듯이
바람이 튕기면 날아갈까, 뛰어 갈까
그냥 연못 속에 엎어져 손을 담글까
아!
나는 지금껏 허영심으로 배를 채웠음을 알게 하는 배나무
청배로 배를 채우던 순수의 시절로 가자고

나무는 흔들림으로 유혹한다

아직은 배꼽이 맛있는 남자를 보면
홍옥처럼 붉어지는 낯빛!

2
철학하는 나무

왔다 간다

참 괜히 왔다 간다
땅을 한숨으로 물고 가는 저 할머니도
한 송이 꽃이었던 젊은 날이 있었겠다

그 어디에도 울기 좋은 곳은 없더라는
시간 앞에서 외로움은 그들의 식량

약국인 내 몸에 들어와 앓는 소리를 낸다

온 몸에 종양덩어리들 주렁주렁 매달고
촉석루 뒷마당에 밀려 선 석류나무처럼
그렁그렁 그렇게 산 날들이
골병이 들어 울퉁불퉁 박힌 상처로 남은 자리

속까지 익지 못한 석류에게
위로의 방식도 모르는 슬픔이란 벌레는
꿈틀꿈틀 기어간다

사랑의 무게

한 사람을 사랑하는 일은
솜이 물에 젖어든 무게만큼, 따악 그 만큼의
짐이더라

비 오는 날 솜 같은 사랑은
나에게 후들거릴 만큼 고뇌의 무게였고
비개인 후 솜은 새털보다 가벼웠으며
따뜻하고 포근한 솜사탕

고기압 전선에 든
내 사랑은 목화솜 같은 사랑이었네

마음을 꽃피울 작은 글귀 하나, 작은 떨림 하나까지도
이슬방울 같은 의미가 되고, 청운의 꿈이 되어

알알이 맺히길 바랐던 인연들은
피어서 어디론가 날아 가버리고
감당할 수 없는 감정의 물이 범람한 자리는
얼룩이 남더라

커다란 짐인 줄 알면서도 때로는 사랑을
질질 끌고 가더라

모듬내길 코스모스

피워서 지울 꽃잎도 물결이라면
너는 파도 속으로 가서 출렁이거라

풀꽃 로제트가 푸른 물결을 앞세웠다
먼저 길을 열었다
인연은 줄줄이 뒤엉켜 엮어지다 톡하고 터진다
여러 겹 순간에서 순간을 건너온 꽃밭을
빛바랜 추억 속 그대와 걷는다
순간 길엔 흔들리는 코스모스
청라언덕에 올라 키 돋움하며 입 맞춘 그날을
달콤해서 더 몽환적이라 해야 하나
그리운 시절로 돌아간 만년 소녀의 순정이
만년 소년의 순정을 기다리듯
붉어라, 깊이 베인 붉은 상처가 되어
순수한 마음으로 맺힌 분홍 꽃잎이 되어
이슬을 받아 삼킨다

사랑도 그리움도 모르던 순수의 계절로 돌아가
마냥 속삭이는 달빛 아래서
낮게 허리 꺾어 눕히는 들뜬 열망

주름은 길이다

봉산댐이 내려다보이는 망향동산에 서서
굽이굽이 휘몰아쳐 지나는 물살을 본다

물은 수천 년을 흘러오면서
주름길을 내었다, 세월의 흔적처럼 땅위에
김선우의 시 '완경'이 그러했듯
내 어머니처럼 주름지고 말라버린 강
수없이 오고간 마음도 그 주름에 있듯이
수없는 사연들 흘러왔다 흘러간 것이다

상류, 아로새겨진 세월 휘돌아 오는 바람
물고기 입술 빛 몽환을 간지른다
젖어들게 하는 길의 곡선이 스며든 풀섶에 앉아
무엇을 낚으려 낚싯대 드리운 노인들
또 하나의 완경完經일 수도 있겠다

깜빡

아이가 어른이 되고 어른이 아이가 되는
아이러니한 세상이 요양원 치매병동이다

깜빡 5분이다
카오스의 시작점 이곳은 어쩔 수 없는 마지막 집합소

성을 낸다. 댑따시 깜빡 5분이다
넌 누구냐? 얼크러진 시간위에 난반사
깜빡 5분이다, 웃는다
'앞니 빠진 고양이 뒷도랑에 가지마라. 피리새끼 놀린다.'
호호 할머니들이 분홍빛 전래동요에
잇몸 훤히 드러내 놓고 깔깔깔

깜빡 한 生을 빡빡하게 살다 가지만
애써 지워버린 기억에 끄달리지 말자고
5분이 지날 때마다 리라꽃은 핀다

5분 후 보랏빛 퍼런 멍울들
바람 앞에서는 조응하며 순응하듯이

나뭇잎도 하늘에 부드러운 듯 매달려 있지 않은가
어쩌랴, 삶의 끝자락도 이토록 지리멸렬인 것을

내 어머니도 나도 피었다가
리라꽃처럼 깜빡 지지 않을까

구름다리를 걷다가

몽글몽글한 벚꽃잎 사이로 은빛 하늘을 본다
몇 날 며칠 밤을 환희 태우기 위해
열두 줄을 잡고 있었지만
지금은 그 가닥의 끝자락을 놓을 때지

불그스름하게 볼 터치하다가
무르익은 여인이 되어
일제히 치마 스르르 벗어 버릴 때지, 그럴 때지
아마도 청춘 활활 태우지 못하면
달달하고 새콤달콤한 꿀맛 같은
붉다 못해 새까만 그날은 없을 거야

간밤에는 국수가닥처럼 비가 구름다리 아래로 내렸고
상처받은 네가 지나갔을 테지만
지금은 먼 후일을 위해 높이뛰기를 해야 할 시간
지금은 먼 후일을 위해 넓이뛰기를 해야 할 시간

꽃잎이 바람의 결을 따라 뒹구는 눈발인 것처럼
흥건한 꽃비의 꽃잎에 마비된 사람들

보드랍고 포근한 봄날이 어디 있다고
꽃잎 떠있는 물웅덩이 앞에서 보폭을 늘인다
어느 이름 없는 무덤을 건너뛰듯

봄빛

이건 봄이 아니라고
묵은 낫들 들어올려
활짝 핀 복사꽃 가지를 자른다

새 혓바닥같이 뾰족한
새순에 찔려 빙그르르 돌리는 눈물
그 곳 너에게로 향하던
내 보드라운 마음은 이미 없다

질라재비 질라재비 눈물에
번지는 내 그림자
하르르 하르르 무너져 내리는 꽃잎처럼
생이 손 상처 위로 소슬바람 분다

후끈후끈 달아오른
복숭아나무 아린 상처에
내리는 보슬비는
쓰리다

물꽈리아제비

목 길게 빼고
어디론가
가고 있다

어데 확 쓸어 담는다고
담길 무엇 아니지만
물 밖
무엇 담으려고
목 길게 빼고
어룽지나

여름이 가는
길목에서

의자와 나

꽃샘추위에 깃을 쳐든 청둥오리떼
은빛 갈대를 풀어 놓은 사문진 강가에서
일렁인다, 출렁이다 몸 가누지 못한 물살은
급해졌다

끝없이 밀려가서 바다로 접어드는 어느 순간
존재조차 사라지고 말 강은
은빛으로 떠는 파르르 의자다
적어도 오리와 내게는 그렇다

선불리 잡히지 않는 물살에
깊어갈수록 출렁임이 격해지는 강심
감출 수 없는 봄기운에
결 고은 여인이 되어버린 나는
무심코 버려져 쓰러진 의자를 일으킨다

데면데면하게 지내온 나는 여기 있는데
도발적인 나는 어디 있나!

의자를 세워놓고 날카로운 바람을 의자위에 앉힌다

평평할 것 같지만 결코 평평하지 않는
수평의 허공을 활처럼 휘어본다

늘어진 바람 때문에 강물은 아프고
무게에 겨운 의자는 삐거덕거린다

홍매화

당신은 몹쓸 바람, 불지 말아요. 더 이상은 견디기 힘들어요. 간신히 잡고 있는 내 여린 꼭지를 함부로 흔들지 말아요. 황톳빛 휑한 빈 밭이 모래먼지로 순식간에 엉망이 되어 버려요. 아, 글쎄 저를 이제는 놓아 주어요. 순간만 참으면 될 터이지만 그 순간이 너무 괴로워서 미칠 것만 같아요. 달콤한 향기는 칼날 같은 바람에 다 날려갔어도 이 끈을 놓으면 다시는, 다시는 아무것도 될 수가 없어요. 제발, 가만히 눈감아 주세요. 이미 붉어버린 내 맘을 어떻게 해요

당신은 한 며칠 나를 흔들다 가면 그뿐이지만 그대 가고나면 나만 홀로 남아 젊음의 한때 달콤한 유혹에 지지 않았다고 안심할까요. 봄에 부푼 화원유원지 언덕에 서면 낙동강과 금호강이 흘러가지만 그대와 나처럼 유속이 다르네요. 시커멓게 썩어버린 내 속과 살아서 잿빛으로 번득이는 그대 맘이 그럴까요. 지금은 꽃샘추위인 걸요. 힘겹더라도 견뎌내면 될 터이지만 매섭게 지나는 바람에 온몸 휘감아 간신히 붙잡고선 저는 마냥 서러울 밖에요. 그리울 밖에요

>

그대를 기다리는 내내 달아나지 않고 봄이 거기 있었으면 좋겠어요

유등 연지

더운피가 찌릿하게 심장을 돌려
펄떡이는 칠월에는
내 손 잡고 거닐러
눈 감은 그대 오세요

봉우리진 연분홍 저 연꽃보다
좀 더 피어난 내 꽃은
어쩌다 당신이 좋아서 붉게 물이 들죠

잘 익어 파랑을 이루는 심장이죠
이미 내가 저 꽃 속에
저 꽃이 내안에
잠긴 거죠

이슬이 군자정 기와를 타고 흐르는
익은 칠월에는
연잎이 피워낸 우주에
익은 복숭아 닮은 당신을
소쿠리 안에 담습니다

강

오수를 즐기다가
한낮 바람의 귀엣말이 간지러워 부스스
깨어난다, 핥아먹듯 일렁이던 물결은
갯벌, 물새가 남긴 사랑 발자국을 지운다

물 밖의 세상 각박하게 돌아가도
약 바르지 못한 온몸의 피멍
너울이불 덮은 물속의 바위들을
부드러움으로 달래주는 물

누구도 채워주고 덮어주지 못한 것을
당신은 어떻게 견디는지
만남보다는 이별이 더 많은 물의 속도에도
나 머리 푼 갈대를 꺾어 던져준다

흔들리는 슬픔을 받아 적겠다고
어머니처럼 서서 들여다보는 강
낳고 길러서 결국, 너른 바다로 보내는

꽃만 봐도 눈물이

고목나무 등걸 같은 손 꼬옥 붙잡고
'구미 국화축제'를 구경한다
낙동강 만발한 국화꽃 꽃잎들 사이를
두리번거리며 낯선 풍경을
눈 속에 새기는데
차올라 파문을 일으키는 강물은 눈물
살아온 세월 아무것도 아닌 것 모른 채
그저 자식 멕이고, 입히고, 시부모 모시고
팔십 평생 살아왔다는 할머니 푸념
그 푸념 주저리주저리 내려앉은 국화는
－아이가. 참말로 시상(세상) 좋데이
－내 우째 이런 별천지를 다 와 보것노
－고맙니더 고맙니더
할머니의 탄성에
눈가에 방울방울 눈물 맺는다
왈칵 뜨거워진 내가
꽃 풍경 꾹꾹 눌러 담고 하늘을 쳐다보는데
아. 한평생 돌아가는 길 고단하던 삶
헤아릴 수 없이 많은 고통의 나날들도
잠깐이더라는

할머니의 거칠지만 따뜻한 손은
차갑지만 보드라운 내 손을 꼬옥 잡는다
국화향기 속을 빠져 나온 낙동강 강물은
좋아서 흐르는 할머니의 눈물을 데리고
하늘과 맞닿은 물의 수평에 들고

원추리

어떤 발길도 미끄러질 금산재
산비알 두려워하지 않는 꽃이 피었습니다

하필이면 너의 군락이 그곳이냐고
누구도 묻지 않아도 제대로 잘 피었습니다

귀 간질이는 그 어떤 언질조차도 주지 않고
짧고 빠르게 세상에 미련 없어
무정히 떠나간 얼굴하나 떠올리게 합니다

비탈이 그리운 초상화의 배경인 듯
흰 구름에 어리는 날
하늘하늘한 자태로 훌쩍 커버린 꽃
젖은 머리는 주홍빛이어서 슬프지만 당당하더군요

곱기는 하다만 예쁘지는 않다 폄훼하여도
비탈을 달군 건 봉긋한 젖가슴입니다

철학하는 나무

뿌리는 아래로 깊어지고 가지는 위로 키 큰다는데
내 나무는 키만 커서 건듯 바람만 불어도
쓰러질듯하다

길 위 반환점 길 위에서 길을 묻다
삶에 지향은 어디인지, 맵찬 골목 돌아가는 길은
아스라하기만 하다

내일은 어디로 걸음을 옮길까
잉걸불같이 드리운 긴 그림자
지그재그 엇갈린 길을 가르쳐준 건
종처럼 앉은 히말라야시다 열매였다

그 길이 맞다고 댕! 댕! 댕! 울려
오솔길 지나 뒤돌아보니
대로는 보이지 않고 울퉁불퉁 보이는 비포장 길
길 위의 길을
나무가 묻는다

3
꽃은 달을 마신다

권투

무쇠주먹이라 말하지 마라
나는 사나이라서 진짜 사나이라서
아프단 말 못했지만
아프다고 아팠다고
너에게만 몰래 귀엣말 하련다

왼쪽 귀가 어그러지고 찌그러져도
30년을 소리 없이 살아도
그저 세상 향한 멋진 한방이면 족했다

터진 샌드백 청테이프로 감고
또 깁은 자리처럼
내 마음도 갈가리 찢기고 뜯긴 상처들이
사각 링 안에서 진달래 꽃물처럼 퍼렇게 물들었다가
지금은 이렇게 천상의 나팔꽃이 활짝 핀 듯
팔랑이며 달달한 나날이 온 거란 걸
너에게만 몰래 귀엣말 하련다

밀어내면 밀어낼수록 나를 향해
더 빠른 속도로 돌아오는 샌드백처럼

직선보다 곡선이 더 빠를 때도 있다는 걸
무거운 것보다 가벼운 것이
더 빨리 의미 없이 날아들 듯이 말이야

항상 새로운 경험은 인생의 권투처럼
세상을 향한 깊이 있는
매의 눈을 가진 그 사내처럼
완만한 곡선보다는 지그재그의 길이 더 많다는 걸
말하련다, 너에게만 살짝 속삭이듯

풍란

반만 벌어진 풍란 두어 송이는
싱그러운 향으로 순결한 너의 몸짓을 닮아갔다

때로 나는 현무암 품에 안겨서
흰 뿌리를 물줄기 삼아 흘러
옥수玉水인 양 떨어지는 물이고 싶었다

저 미지근함의 거리 백 미터 즈음에서
맡는 아득한 향, 술을 마신 듯
그 속에 취해 있었다

풍란에 들어 풍란을 버리는 물방울 소리
삶에서 건져 올린 번득이는
예지叡智가 되는 시간
은은한 풍란 한 촉
가슴 깊숙이 들어앉힌다

아름다움 그 지독한

수천 번 밀려나고
수만 번 밀려오는, 파도
아마도 그건 외로움이 지독하기 때문일 거야
달이 행복한 건 일 년에 열두 번
한번은 아쉽고 한번은 미련이 남아서
기우뚱 기운 채 수천 년을 지나왔을 테지
매일 삐딱하면 안 되니까, 달마다 삐딱하니
상현 하현으로 끊임없이 변하는 것
외로움에 지친 몸 아마도 그건
너의 관심이 필요해서일 거야
관심 좀 가져, 자세히 보아 달라고
떼쓰고 있는 걸 거야
외로워서 파도와 달이
관심을 끌기 위해
뼈가 시리도록 저리도 환한 걸 거야

저 숲에 누가 있다

숲속으로 걸어 들어간 안개가
그 여자 뒤를 따라 간다
다섯 손가락 단풍잎들 사이로
성게 가시 같은 잎사귀 들어올리며
여자는 천천히 수풀을 헤친다

잠자던 소나무를 깨운다
숲속으로 걸어 들어간 안개가
떡갈나무 잎사귀에 얌전히 기대어서서
지천으로 피어나는 들꽃 사이로 지나는 바람
놀라서 뒷걸음치게 하고
작은 꽃잎 위에 살포시 내려앉는다

입 맞추듯 온 산을 감싸 안는 안개는
그 뒤를 여자가 따라 간다
숲의 끝에서 흐르는 낙동강 천삼백리
눈 시리도록 잔잔히 고이던 안개는
피어오르는 물안개로부터 발화한 것

무심無心의 창고 앞에서 무정한 바람 불러 놓고

꺼멓게 떠오르는 해에게
눈망울 깊은 사슴의 아픈 사랑을 그리던 그녀
그녀에게는 아마도
예고 없는 안개 같은 이별이 있어
저 안개의 끝없는 길을 따라간다

남강에 앉아서

때 묻은 빨래인 양 널브러진 몸
주섬주섬 푸른 남강 물에 빨아 널면
돛대처럼 빳빳해질까
먼지 범벅 코 범벅 그래도 다시 살고 싶어질까
해맑은 웃음 오롯이 지닌 채
사시사철 푸르른 천년 강송일 수 있을까
긴 세월 동안 아리따운 논개의 굳은 절개가
촉석루 너른 바위 위에 운모로 박혀
강물을 보는 내 왼쪽 가슴에도
두 근 반 세 근 반 펄떡펄떡 뛰는
강물 속 튀어 올라 은빛을 보여주는
물고기를 닮아갈 수 있을까

담천淡天

마음을 어느
허방 하늘에 두고 온 겨

장막 걷힌 구름 사이로
해는 높이 솟았는데

원망만
깊게 아로 새긴
가슴

멍이 퍼렇다

양파, 그 매운맛이 손에 배인 것처럼

사는 일이 양파껍질 벗길 때마다 흐르던 매운 눈물맛이니던가요

겹겹이 쌓인 마음속 번뇌는 매운맛, 달작지근한 맛, 씁쓸한 맛?

내가 그대를 만난 것처럼 그대는 내 베인 손끝에
아리게 스민 양파 같아요
한 겹 한 겹 벗길 때마다 당신 속마음이 어떨까
늘 궁금했지요. 그리고 수시로 변하는 그대 때문에
어디로 미끌릴지 몰라 안절부절 가슴조이죠

뭉툭한 칼날 같은 마음으로 도마 위에서
칼질당할 그 순간까지 두 눈 질금 감아야만 하는
그 기나긴 기다림 끝에서 지나간 세월 당신과 나 사이에는
양파껍질의 매운맛이 손에 배인 것처럼 손끝이 아립니다

당신은 유월, 강열한 태양아래에서

전력을 다하여 더 알이 굵어지는
아삭아삭 경쾌한 입질 뒤에
오래 씹어 단맛 나는 양파 같아요

양파껍질의 매운맛이 손에 배인 것처럼 둥근 원을 그리는 당신은

된장찌개

마른 멸치에게도 저녁에는 된장을 먹인다
항아리에서 수년을 보낸
누런 된장을 두어 숟가락 풀어 넣자
보글보글 끓는 바다를 떼 지어 몰려다니는 멸치들
모시조개는 바닥으로 눕혀놓고
감자알은 파도를 잠시 가려주는 바위로 놓아둔다
어머니 냄새는 달디 단 젖내가 되어
회전낙법으로 저녁의 집안을 구르며 누빈다
커튼이며 식탁 모서리 푸릇한 청춘은
씀벅 씀벅 어섯 썰어서 파 맛에 닿는다
팽팽한 긴장감을 지그시 누르는
팽이버섯은 매운 시집살이
은비늘 번뜩이던 그때를 회상하는지
마루 끝에 나앉아 파도소리 듣고 있다
멀리 가서 아니 계신 어머니가
된장찌개에 서린 김처럼 후루룩 말리더니
묵직한 그물의 밤을 당겨 올린다

마삭 줄

길모퉁이 다류원 찻집 담벼락에
다섯 잎 작은 통꽃이 앙증맞게 피어
바람개비처럼 뱅글 뱅글 춤추는 듯
바람결에 하얗게 일렁인다

달콤한 향 짙은 녹음은 그 이름에 걸맞게
생의 가닥 하나 엮어보려고 안간힘을 쓰는 양
붉은 벽을 부여잡았다

하늘을 향해 길게 드리운 채 든든한 동아줄처럼
줄기를 불끈 부풀려
꿈에 기대어 오르고 있는
저 짙푸른 마삭 줄

꽃은 달을 마신다

캉캉 춤을 추다가 목이 마른 꽃이 달을 마신다

지친 바람이 달빛을 막고선 저녁
주위가 어둑해질 때 성지초교 화단에 놓인
윤기 나는 항아리에서 피어난 꽃
불타는 횃불인양 시뻘겋게 활활
타오른다, 그대는 정열의 꽃
뜨거운 태양 아래보다 찬바람 이는 달빛 아래
핏빛 드레스를 입은 매혹적인 여인인양
열기를 뿜으며 캉캉 춤을 추는 꽃

달을 마신다, 시간은 흘러 어제도 가고
오늘도 가고 내일로 덧없이 지나가는데
만남이 짧았으니, 이별의 틈바구니는
어둠속 바람 앞에 하늘거릴 수밖에

약손

오른손 들어 하늘을 가리키는 약손
농부의 거친 손을 닮았다

손마디 굽지 않고 휘지 않은 손가락이 없다

사는 일이 그렇다, 저 손이 약손이다

울긋불긋한 알약들을 콩을 심듯 팥을 심듯
한 알 한 알 약 판에 놓고 심는 일이
사람 하나 살리는 일이라는 걸

지문이 닳을 정도로 알약을 세며 흘린 땀방울이
바로 약손이라는 걸

사는 일이 그렇다
약사 윤리강령낭독처럼 오른손 들어
맑은 하늘 앞에 양심을 세우는 일

꽃같이 밝은 마음 채우는 일이 그렇다

사월 감나무 흔들기

감나무 가지 사이
연록빛 볼터치가 시작된다

아, 나는 아마도 전생에 화가였던가
온몸이 근질근질 손끝이 찌릿찌릿
사월이면 점점 더 밝아지는 채색에
근질근질한 손끝

일상 소소함의 바탕에
파레트 하나 펼쳐들어 바탕을 그리고
순간을 붓으로 채색하면
서로 다른 색은 하나로 어우러질까

사월 나뭇가지 사이로 얼비치는 꿈 하나
싱그러움만 남기고 보니
난 전생조차 간지러운 화가

무엇이라도 되고 싶게 하는 가을에는
봄은 펼친 캔버스에
풍경대신 발효가 남긴 꿈의 얼룩을
점묘로 남기고 싶다

황강

메마른 입술 갈라진 틈새에
망향루 머물러 있다
기와조각과 사금파리에 남겨진 흔적
끝없는 자맥질로 인하여
너의 마음은 넓고 깊어져
때로는 알 수도 없는 속마음
나일강이 너와 같았을까
고대 이집트를 휘돌아온 길이
굽이굽이 대병댐에 닿으면
마른 햇볕의 욕망은
한척 나룻배를 민다
윤슬로 일어서는 파편들

플라타너스 2

새털같이 내리는 눈발을
수직으로 선 나무가 삼켜버린다
모든 사념들이 함축되고 삶은 반추된다
울퉁불퉁한 몸에서 뻗어낸 빈 가지들
앙상하다, 꿈은 대롱대롱 매달려야만 씨앗으로 날아가
자유로워질 수 있을 터이지만
지금은 묶여 있는 발밑이다
어쩌면 더 그게 행복한지도 모른다고
높은 가지 끝에 오롯이 까치가 빈 둥지를 남긴다
남겨진 이에게 위안이 되고 채워져
마치 아름답기까지 할 저 둥근 집
모든 소음들을 잠재워 버릴 눈은
구멍 난 가슴에 따뜻한 위로가 되려고 둥지를 덮는다

포근히 안아주고 채워줘서 따뜻해지는
겨울 아침 눈 내리는 풍경 앞에서
눈을 타고 하늘로 오르는 꿈으로
양손 들어 올린 가지들의 경배를 본다

가을이 물들어 오면

어느 산기슭에 서 있을 사랑하는 사람아
바람에 홀린 듯 찾아 왔다가 홀연히 떠난 사람아

그대 서 있는 그 곳이
백년 천년 세월이 머문 흔적임을
그대도 아는가

방울방울 맺은 인연 솔방울로 태어나
멀리 멀리 날아갈 길을 찾아서 가라

가도 가도 끝없는 길 위 서늘한 바람 한 점 만나거든
속절없이 내가 그리워졌다고
온 몸 불사르듯 붉게 타오르는 잎들 위
까뭇한 눈 가진 벌레에게 편지를 쓰시라

내가 서 있는 곳에 달려온 가을이 들고 온 편지에
나 섧은 듯 눈시울 붉힐 테니

가시연꽃

성장통, 사춘기 아이들이 겪는
뼈가 저리다는 기억들을
벙글기 직전의 꽃봉오리에서
본다, 겨워내야 할 붉은 꽃잎을 겹으로 덮고
오랜 잠을 자고 싶었던 어느 날
꽃의 화사한 코발트빛에 놀란 표정
벌 나비의 몸짓하나라도 놓칠세라
무섭도록 몰입하다 얻어진 너의 발화

기운 왕성하던 금오산이
한순간에 홍시 속으로 들 듯
산 중턱 연리목이 따뜻해진 해를 쓸 듯
통증의 분기점을 가시연꽃이
긋고 있다

질척이는 진흙위에 은은히 퍼지는 향기
심연으로 다리를 놓아
삶의 밑바닥이 간밤에 이룬 순간 포착
온몸이 가시인 나도 어느 순간 벙글어
함초롬히 질척이는 진흙위에 필 수 있을까

>

나긋나긋한 향기로 다리를 놓아
삶의 밑바닥에 윤슬 흐르게
순수의 정 머금어 볼까

바위 넘기

가로막는 바위 앞에서
롤러스케이트를 타는 거지
넘어지는 것도 아슬아슬한 묘미지
인생은 미끄러운 바위 넘기
살갗을 찢겨 피가 배어 나와도
마냥 주저앉아 울 수는 없는 것
오르막길 그 다음은 내리막길
살다보면 잡은 손 놓칠 때가 더러 많아
동행하던 당신 홀로 떠나도
넋 놓고 서운한 맘 가질 필요는 없지
바윗길을 만나면 바윗길을
용수철 튕겨 오르듯 넘다보면
어느 날엔가 유연해지겠지

4
연애편지

군불

금성산 아래 산운마을은
봄꽃 바람의 등에 업혀서 하르르 흩날리고
지용의 '향수'는
고택에 깃들어 맴돈다

사랑방 문아래
검은 가마솥 하나 걸어놓고
지핀 군불을
깊숙이 한 입 베어문
아궁이의 안쪽은 간지럽다

한참 열기 오른 불구덩이 속에서
오르가즘을 느끼는 듯
비봉여인의 불콰한 뺨에 더운 열기가 솟구친다

쉬이 사윌 줄 알면서도
불씨를 지피고 또 그 불씨를
쑤석거려 재를 남기는 일
아지랑이같이 피어오르는
저 불기운에 방구들이 들썩들썩
쩔쩔 끓는다

환한 봄날도 익겠다

시인의 집에는

오래된 독 옆으로
큰 키 자랑하는 부용이
두어 송이, 앞 다투며 피었다
물레방아 흐르는 물에
산줄기 내려와
백련 수련 벙글리면
작은 연못은 화사한 부처다
젖은 논길의 황새가
벼 포기 속에서 건져 올린 먹이
사냥이 저리 요란하지 않음에
세상만사 제쳐둔다 해도 좋다
두 팔 벌려 받은 맑은 빗물이
절구통속에 가두어졌으니
절구가 된 시인은
언어를 빻아 연꽃을 피운다
부는 바람에 긴 머리카락 흩날리는 날
시인의 마음밭에 피었던 꽃은
물살에 흔들리다
시름겹다

오월은

불새 한 마리
자란에 사뿐히 앉은 듯
현란히 꽃피우는 몸짓이다
비온 뒤의 풀 물큰 더운 기운 품은 채
콧속으로 훅 파고들어
숲은 아찔한 현기증으로 휘청인다

뒷걸음으로 걸어 나온 오월
청풍의 풍경에 하얀 풍차처럼
아카시 꽃은 만발하고
자귀나무엔 하늘하늘한 부채가 얹힌 듯
꽃숭어리들 무수히 많은 무궁화 꽃잎을 그린다

분홍 한복을 곱게 차려 입고
반짝이는 족두리를 쓴 무용수처럼
빗물 머금어 더 상큼한 꽃이며
나무며 풀들이여
오월은 생장生長의 계절

푸르른 날에 당신을 만나려는 기쁨으로

가슴은 두 근 반 세 근 반 널뛰고
맑은 기운 가득한 사랑
오월은 에메랄드빛이다

손칼국수

밀가루 반죽을 욕심껏 쭈욱 미니
이리 펴지고 저리 펴지는 것이
본래의 형체는 어디가고
못나고 조잡스런 밀가루 반죽만 한 덩이
이게 나인가, 덩그렇다
마술사 어머니 스르륵 굴린 반죽은
가운데는 볼록하고 가에는 얇아서
방망이 모양대로 끝자락을 둘둘 말아 쥐니
안쪽에서 바깥쪽으로 쓸려
손끝에서 반죽은 제대로 출렁인다
도공의 손길이 그러했듯
어찌 저리 힘 하나 안 들이는 듯
어머니는 자연스러운가
쓸데없는 힘 잘 다스릴 줄 몰라
헛 손짓으로 빚은 내 반죽은
우르릉거리는 천둥에 불과하지
마른 먼지 들썩이는 날
그래도 어설픈 반죽 썰어 끓이니
뿌예진 눈앞에 그리운 어머니 얼굴
김발로 서려오고

푸른 논길

청보리 이삭이 활짝 피어 한들한들 풀잎 주름 잡는 오월은 무논들이 생기를 뿜으며 지천으로 풀물을 들인다. 꽃물을 들인다. 달콤하며 알싸한 향기 라일락 치맛자락에 봄내음 불어넣는 오월은 춤추는 청록빛 싱그러운 여인 같다. 이팝꽃 피는 강렬한 오월은 거리마다 흉년일까 풍년일까 주린 배 움켜쥐고 논밭을 서성이는 노인의 걸음 같다

낫질 가는 길목에 늘어 선 오동나무 꽃잎같이 활활 피어나는 오월은 시선으로 피어난 동꽃인지, 오동나무 꽃인지 분간도 못할 그리움이다. 우륵로 보랏빛 물결 춤추는 거리마다 말간 얼굴 고운 선의 여인이 서 있는 듯 불어오는 바람결에 이리저리 마음 뒤척인다. 성급히 내려앉는 어둠일랑 둘둘 말아 올려 장막을 걷듯 걷어 두고 청보리 가득 핀 푸른 논길을 따라 호이호이 싱그러운 청록빛 여인 앞에 선다

자란

가녀린 그녀의 자태가 청초하다
달콤함에 이끌리어 찾아간 그 곳
그 숲에서 그녀를 처음 만났다

장미보다 더 강렬한 향기로 숲을 에둘러
앞 다퉈 꽃망울 터트리는 자란
화려하지 않으면서도 요염하고
수수하면서도 감히 함부로 범접하지 못할 기품으로
금오산 아래 비밀의 화원에서 조우하다

오월에 함박눈이 내리는 듯 하얗게 핀 아카시꽃잎이
지나는 바람 한 점에 출렁이고
바람꽃, 곤드레 나물은 반짝 반짝 윤기를 뿜어내는데

너의 이름은 세련되지 못하였지만
푸른 잎과 붉은 꽃잎 잎잎에 서러움과 정겨움이 묻어 있다

혹독한 추위를 극복한 뒤라서 더 청초하고 더 화려한 꽃
무리지어 해 맑은 미소로 가득 피어난
요란하지 않으면서도
은은한 유혹에 정신이 아찔하다

봄, 강가에서

복사꽃 고이고이 붉던 날 갈대는 샛노랗게 삭아갔다

땅에 붙은 새 풀은 초록으로 나풀나풀 돋아나는데
농암이 물수제비뜨던 그 곳에서
건져 올린 묵직한 돌 하나
손바닥에 올려놓고 흰 줄 하나 따라간다

빠른 물살을 거슬러 오르는 한 무리의 연어처럼
흰 물살에 퍼덕이며 살아온 세월 동안 닳아
아기 주먹만 하게 툭 불거진 까만 돌멩이

달걀 모양으로 둥그스름해졌어도
자꾸만 눈길 머무는 곳 꺼칠꺼칠 덜 마름질된 것이
흰 줄 하나 간직한 채 아직은 그 무엇도 된 것이 없는데
꼭 나인 양하여 자꾸만 주억주억 끄덕인다

쫄래쫄래 따라가는 스승의 뒤
언젠가 닳고 닳아 여물어져 매끌매끌할 살갗
세월을 부지런히 굴려 그 무엇이 되어보려고
돌 속에 깊이 그어진 한 획을 따라간다

연애편지

지고 피는 호접란은 진분홍
마른 햇살에 고양이 세수하는 나른한 일상
미수의 나이 어문조 할머니는
삶이 지겨우셨나보다

심심해서 쉽고 더디 가는 세월이 지겨운
평생 혼자였을 할머니가 내게 편지를 썼다
내일에 도착할 눈 같은 편지라 해야 하나

'보아 주어요. 나는 당신만을 사랑합니다
하늘이 가만히 가져온 연애편지
당신 두 손에 놓아 드립니다
당신을 그리던 지난 한 달 내 상태가 어떠한지
당신 눈으로 보아 주어요.' 라고 쓴 편지

하늘이 가만히 가져온 연애편지
매일 수십 장 처방전을 받아들지만
아주 특별한 사연 하나 걸려있는 하얀 종이 안에서
할머니와 나는 그만 정분이 난다

>

당신을 그리워하느라 눈가는 짓물렀고
약속한 당신 때문에 속은 얼마나 문드러졌는지
가슴은 얼마나 아팠는지
읽어 달라는 당돌한 눈빛 앞에서
난 웃음 터지지 않고서 어떻게 받아들까

길고 긴 그믐날에 밤이
더 아름다워 보이는 것은
당신의 뽀오얀 얼굴이 보름달같이 떠올리서리며
나 너스레를 떨어보는데
한 달에 한 번씩 만나러 오는 거지만
당신이 홀로 보낸 시간 속 희노애락이
하얀 종이 위에 먼지처럼 내려앉는다

자세히 보아달라며 곱게 접어 건네 온
당신의 처방전 안에는
무수한 사연이 별처럼 담겨서 잘방거린다

행옹당

전서篆書는 심장의 박동이다

행옹당 마당에 오롯이 앉은 옹기같이
한 세상 잠시 머물다 갈 여유는 주어야지
시간의 터널이 짧아서 휘리릭 지나가는 길
그 길 중간 즈음 어중간한 지점에
어느새 나 홀로 섰다

마당 입구 넓은 독에서 수련이 벙글고
가을이면 병풍처럼 둘러 선 벽오동
하르르 떨어지는 잎들
이불처럼 덮고 누울는지도 모른다

마음 쉴 곳을 찾아 헤매는 길손처럼
깨어진 옹이에 비단잉어 한 마리가
심장의 박동으로 전서를 쓴다

해묵어서 빛바랜 낡은 항아리 속에서
바람처럼 머물며 행옹당을 지킨다

그 숲에 가면

서어나무 이파리
뫼비우스의 띠처럼 그렇게 또
살랑살랑 감겨오는 오월이다

연록빛 그리움도 푸른 창공아래서
흰 구름처럼 뭉게뭉게 피어나는
그 숲에 가면
옹이진 가지 끝에서 뒤틀린 영지버섯이
우아하게 공중부양하고 있다

상림 우거진 숲길의 나무들
우듬지는 모두 편안해서
공중에는 개울물이 졸졸졸 노래하듯 흐르고
물레방아는 눈물 젖은 사연 하나 품에 안고
돌고 돈다

때죽나무 꽃이 모여 피고
쪽동백이 부서지는 포말 같은
그 숲에 가면
동자승의 해맑은 미소처럼
입가에 배시시 드는 풀물

홍련암

자욱하게 해무 낀 동해바다
어느 즈음에 해당화는 곱게 피어
해조음이 함께 어우러지는 단애의 끝에서
해수관음상이 살아 움직이듯
붉게 물든 미소다

살포시 발을 포개어 가부좌하고 앉은 자리
감히 올려다 뵐 수 없어
구석진 자리 돌 받침대를 쳐다보는데
개구리 같기도 하고 두꺼비 같기도 하다

만지면 소원이 이뤄진다는 흉상을
저어기 눈으로만 쓰다듬는데
지나는 사람마다 구구절절한 소망에
해당화 붉은 꽃물이 사방으로 퍼진다

동해바다 힘찬 물살이
해수관음보살의 넓적다리 위로 스치고 지나가면
옷자락이 사그락거리는 소리로
꽃잎은 사뿐히 내려앉는다

>

손바닥으로 받아낸 꽃잎 속에서
아. 절체절명의 순간이
바로 지금이 아니련가
하루를 태운 해가
말문 닫고 가라앉는다

봉정암

병아리병꽃 벙그는 날 설악에서 몸과 마음을 비우는 공간에 앉아 끝없이 펼쳐진 풍광에 분청을 던져 놓습니다. 밑을 한번 볼 줄 알아야 합니다. 위만 보지 말고 내가 버린 똥도 한 번 쳐다볼 줄 알아야 건강을 지킬 수 있는 거겠지요. 소박한 뒷간 근심을 비우는 곳 해우소에 쪼그리고 앉아서 세상을 굽어봅니다

남성의 긍지처럼 우뚝 선 저 봉정암의 큰 바위는 뭇 선녀들을 끊임없이 불러 모으고 북 설악의 정상 대청봉이라는 소실점에서 한동안 그리울 그대를 만났습니다. 청아한 솔새소리 한 번 물길이 튼 곳에는 계속해서 세찬 물줄기가 흐르듯 숨 가쁘게 달리던 물도 용소에서는 느릿하게 쉬어가는 저 여유

먼 은하수 넘어 있어 함부로 갖지도 탐내지도 못하다가 무수히 많은 잔별들 중에서 유독 별 두개가 밤바다에서 일렁이는 것을 봅니다. 하늘아래 설악산 아무나 닿지 않는 봉정암에 오르는 길이 숨이 깔딱 넘어가서야 겨우 사람을 허락한다는 땅. 그 땅 끝에 서서 세상으로 열린 문을 열고 별을 보고 끝없는 하늘 밖 우주를 봅니다

>

뭇 사람들이 붉은 꽃잎같이 흩날리는 그런 봄날에 풀꽃은 사뿐사뿐 밟힐수록 그 향기가 더 짙어지듯이 사람 따라 난 길은 어김없이 사람이 따라 갑니다. 숨이 턱에 차 깔딱할지라도 아무리 모진 비바람이 때린다 할지라도 반석은 흔들리지 않는 것처럼 힘들이지 않고 얻을 수 있는 것은 아무것도 없다는 것을 하늘이 허락한 땅, 봉정암에 앉아서 세상을 굽어봅니다

*정중동靜中動

수십 개의 눈알들이 랑화실 구석에 수북이 담겨 있다

도기에 가득 엉겨 붙은 것도 모자라
바닥으로 철철 넘칠 듯 한바구니 가득 담겨서
차의 몽글몽글 피어오르는 김을 보는 걸까

차의 은은한 갈빛을 보고 있는 것일까
아니면 낯선 나를 주시하는 것일까
콧속을 누비는 구수함까지 쫓아오는
저 눈, 오뉴월 태양빛에 그을린 마음같이
얼룩진 마음을 들여다 보고 있는 건 아닌지

가끔 난 한 올 한 올 사위어 피어난 노란 붓꽃을 보고도
그 빼어난 아름다움에 시기를 하였다
마당 구석에 가득 피어난 한 무더기 도란도란 피어난 패랭이꽃의
좋은 향기에도 질투를 하였더랬지

이제는 정녕 모란꽃에게서 더운 코피를 쏟는 구나!
직접 가보기 전에는 뭐가 있는지 알 수 없는 법이지

아는 것만큼 보이고 보이는 것만큼 배울 수 있는
저 눈, 저 눈 속에서 세상의 길을 정중동靜中動케 한다

* 정중동 : 겉으로 움직임 하나 없이 고요하지만 안으로 끊임없이 무언가를 행한다는 말이다. 이는 나무의 표현에 있어 흔히 쓰는 말이다.

봉평 메밀꽃잎 술

꽃신 신고 온 애愛
물에 잠긴 애愛
그 애愛 좀 주세요

슬픔이 차오른 눈가 짓눌러도
붉은 그대 기운 가시지 않아
그 아이 톡 쏘는 향기라도
맡고 싶은 달 뜬 밤

주체할 수 없는 감정이 화수분처럼
왈칵 솟아나는 입추에
가산이 노래하던 봉평 메밀꽃잎
달빛에 소금같이 피어나면
그 꽃잎 따다가 담근
꽃술이 고픈 별 뜬 밤

초유 같은 꽃잎 술
잘 익은 백김치 내어와
오장육부 붉은 기둥 따따시 데울
평상에서 별과 함께
호젓이 마실 술이라요

어느 쪽이냐?

화담은 <이>와 <기>를 가리키며
"어느 쪽이냐" 물었다

나는<이>와 <기>앞에서 어쩌지 못하고
"<이기>뭐 이렇노." 했다

삶은 왜 <이>여야 하는가

삶은 왜 <기>여야 하는가

삶은 그저 <이기>면 될 것을

보라. 저 파르라니 떨고 있는 매화처럼
꽃잎이 얼지라도 이른 봄에 피우려는 꽃

보라, 얼어 거무죽죽하게 삭을지라도
목련은 앞 다투어 피고 있는 것을

어항 속 왈츠

해가 방금 졌다. 달그림자가 야트막한 산자락에 고요히 내려앉는 시간이다, 이른 아침의 바다를 옮겨 놓은 듯, 어항 속에서 유영하는 모습대로 얼룩지는 작은 물고기 떼 줄무늬가 아름답다. 생생한 탄성이다. 춤을 추면 마치 어항 속을 유영하는 물고기에게 조용한 물속은 지향점 없는 생의 방향이 일렁인다. 망원경에 초점을 들이대듯 두 눈을 부릅뜨고 치켜세우다가 나는 스르륵 눈을 감는다. 먼 데서 들려오는 저녁 예불소리가 들렸기 때문이다. 속세를 벗어난 듯 관음 문으로 들어서는 시간 지금은 짙푸른 자유의 시간이다. 힐링의 시간이다. 사유의 늪 언저리 어항 속에 흐르는 왈츠처럼 부드럽게 숨을 내쉰다. 순간, 단조로운 삶에 활력을 주듯 높낮이가 있어, 출렁이는 물에도 물고기는 파닥인다. 우우우 몰려다니는 저 떼지는 것들 이리저리 종횡무진 춤을 추어서 작은 공간 하나가 가없는 우주가 된다. 한줌의 숨을 기계가 불어넣는 이상야릇한 시간 아, 그대도 보이는가. 작고 하찮은 저 금붕어조차도 살려고 끊임없이 어항 속에서 춤을 추고 있다는 것을

이팝꽃 피던 날

우륵로 단위농협 숙어진 길에 가로수 늘어섰다. 길은 100미터 미인처럼 그 즈음부터가 적당한 너와의 거리인 양 연록 순응을 잎새에 고요히 앉혀 두었다. 하느작거리는 몽환의 길을 까만 밤이 걷는다. 하얗게 흔들리는 은빛 그림자는 꿈속에 보았던 그대를 닮았다. 톡 쏘는 듯 알싸한 향기다. 달근한 내음이 매혹적인 너의 향기라고 나무들은 일제히 속삭인다. 속살거리던 봄이 이제야 출렁인다. 멋진 그림처럼 펼쳐진 길 위를 나란히 서성이며 눈 내린 밤처럼 환하게 이팝꽃이 너울너울 춤을 춘다. 마치 활짝 핀 아카시꽃을 마주하고 선 듯이 달빛 사이키 조명에 더 희고 풍성하게 부푼다. 가슴이 뜨겁다. 돌고 도는 순풍이 장단을 맞춘다. 순백의 웨딩드레스 자락을 출렁이는 새 신부처럼 황홀한 왈츠를 부드럽게 미끄러지듯 추는 것이다. 너와 영원히 하나 되기 위해 적당한 높이로 날아올라야 한다. 나는 벌 나비가 되고 종달새가 되어 너의 부푼 가슴속으로 꾀꼬리처럼 후루루 숨어드는 것이다. 아, 보아라. 달빛에 촉촉이 젖은 채 밤하늘에 뿌려진 수많은 잔별들이 곰살궂게도 깜빡깜빡 분위기를 고조시키는 이 순간 행복하지 않니? 라고 신부인 내게 꿈속의 그대는 귀엣말로 묻는다

불혹의 바다

— 미포항에서

시야가 탁 트인 할매횟집에 앉았다. 오디처럼 까맣게 익어가는 초여름 바다 앞이다. 아직은 살아서 펄떡펄떡 숨 쉬는 한 점의 회를 붉은 혀 위에 올려놓고 아그작 씹는다. 불혹의 나이를 앞에 두고 맑은 이슬을 잔에 채워 불혹을 갓 지낸 그녀와 마주 앉아 나란히 바라다본다. 해운대의 밤바다는 출렁이며 밀려오는 시간을 또 그렇게 꾸역꾸역 밀어내고 있다. 불혹을 사이에 두고 함께 느껴본 짧은 하룻밤은 속절없이 지나가는데 그녀와의 외출은 단편영화같이 빠르지도 않고 느리지도 않다. 무성영화로 찍어지는 미포항의 밤은 까맣게 익어만 간다. 마치 세상에 홀로 남겨진 것처럼 쓸쓸한 밤바다는 파도를 부르고 외로움을 깜빡이게 한다. 화려한 네온 불빛 속으로 사라져간 말의 부질없음들, 말없이 걸어도 좋고 약간은 서늘한 기운이 감도는 유월의 밤바다 앞에서 불혹의 나이를 구긴다. 바다에게도 나이가 있다면 아마도 지금 내 지친 어깨위에 얹어진 불혹이 아니겠는가. 파도에 시달리다 지쳐버린 미포항에서 바지랑대에 걸린 빨래집게처럼 겨우 물고 늘어지는 사랑이란 무언가. 나를 흔들고 지나간 바람이 되돌아오는 곳도 어쩌면 항구일 수 있겠다는 막연한 추측에 나는 밤늦도록 취하지 못하고

능소화

— 마이산 능소화

바람 한 점 지나거든 아련한 그리움에 목마를지라도 나는 그대를 기억하려네. 제 살 온몸으로 풀어 헤쳐 들고 있는 그대 주홍빛으로 물든 가슴, 가슴마다 놀라움으로 꽃불이 인다. 내안에 뿌리를 돌돌 말아 틀고 단애아래 육중한 몸 마이더스의 손처럼 뻗어서 백년이 넘은들 천년이 넘은들 언제나 지켜내 줄 것만 같은 그대의 든든한 지지에 삶은, 찬란한 미지수 또 다른 미지수. 그대를 누가 내 등에 꼭꼭 심어 놓았는가. 무너져 내리는 아픔이 그대 여린 꽃잎의 너펄거림이 속절없이 가여워서 살랑 미풍을 거느리고 왔다고 싸늘한 흰 눈을 거느리고 왔다고, 비둘기 구구구 울음이 애처로워 큰 날갯짓에서 돌탑들은 일제히 웅웅웅 아직은 건재하다고 화답하는가. 태초에 바다의 해면이었다가 하늘의 부름에 힘차게 달려와 지상에 우뚝 솟은 날로부터 긴긴날 그리움에 이끌려 터진 숨결은 타포니 흰 살갗을 그대 푸른 잎으로 살짝 감추려 해도 아픈 상처는 남는다. 잎 다 내려놓은 자리엔 뒤틀린 뼈대만 앙상하다. 마이산 제일봉을 너끈히 받쳐 들고 있는 마이산의 능소화 그대 아! 거대한 줄기, 단아한 잎새 쉼 없이 정찰하는 비둘기들

닻꽃

이곳에 머무를 수 있게
찰나의 순간도
지표를 새겨야 하기에
부유 중이던 몸
닻꽃에 기대어보려 한다

그대 맘 깊은 수심에
질긴 명주실이라도 서너 타래 풀어서
그 길이를 가늠해 볼까

길게 늘어뜨린 하얀 발로
깝죽거리는 미풍이라도
가둘까

닻으로 견뎌볼까

지금은 봄입니다

갓 젖 뗀 강아지 한 마리 기울어진 함석문을 밉니다. 콩콩 짖던 유년시절은 겨울의 칼바람이었고 지금은 가지 끝 어린 새싹 같은 인생이지만 이 꽃샘추위가 지나갈 즈음 내 인생은 여름이 다가올 것이고 풍성한 가을도 있으리라 믿습니다. 간이 콩알만 한 사람이 통 큰 여자 한 번 되어 보려고 발버둥칩니다. 그래야만 합니다. 그래야만 나는 견뎌 낼 수 있겠지요. 눈물 맺힌 삶이지만 한 때는 찬란하게 꽃도 피워 보았던 지난날도 있어 되돌아 회상하며 설핏 미소를 지어봅니다. 삶의 창 밖으로 불어오는 꽃샘추위가 아무리 기승을 부려도 나는 꺾이지 않을 작정입니다. 가끔은 휘청거리고 또 가끔은 휘어져서 그 바람을 피할지라도 삶에겐 당당히 맞서렵니다. 이미 작은 연둣빛 잎새들이 피어나기 시작했고 머지않아 꽃도 피울 것 같습니다. 조롱조롱 맺힌 꽃망울들이 내 눈에는 보이는 까닭이지요. 파스텔 풍으로 번져오는 그 빛은 화려한 봄은 아니지만 삶을 살아가고 지탱하는 데 이보다 더한 사랑은 없을 것 같아요. 지금은 봄, 모든 이야기는 흔적을 남깁니다. 솟구치는 아드레날린을요.

해설

자연주의적 사랑, 그리고 주지 않은 언질에 대한 화답

박 윤 배 | 시인

귀 간질이는 그 어떤 언질조차도 주지 않고
짧고 빠르게 세상에 미련 없어
무정히 떠나간 얼굴하나 떠올리게 합니다
―「원추리」 부문

1.

고도인 한 소읍에 시인 이성자가 산다. 거기가 한때 번성했던 옛 가야국이 봉긋한 무덤을 남긴 고령이다. 자신은 아픈 줄도 모르고 아픈 사람들에게 치유를 위한 약을 건네주며 산다. 시를 쓰며 산다. 그가 다른 사람들과 차별성 있는 어떤 특별한 삶을 살고 있는지는 알 수 없으니, 나는 실상 그를 모른다. 아무튼 그가 고령이란 곳에 산다는 데 의미가 있으며 그렇게 살고 있는 삶의 현장들이 그의 시 속에 속속들이 투영되고 있음은 시인으로서의 이성자가 고령에 살고 있는 뚜렷한 명분이자 이유일 수 있겠다는 생각이 앞선다.

단지 시로 시인 이성자를 알고 싶다. 시집을 상재하기 위해 해설을 부탁해 온 시들을 나는 읽는다. 처음부터 끝까지 몇 번인가 읽어 내려가는 동안 여타의 시인들에게서 나타나는 모호성이나 다의성이 별로 눈에 띄지 않는다는 것이다. 난해하거나 다중의 의미 장치를 마련해둔 시들은 일단은 들어가는 문을 찾아서 안쪽의 의미를 접근하다보면 비유든 관념이든 풀리게 마련인데, 이성자 시인의 시는 그러한 장치가 없다. 당연 들어가는 문이 따로 없으니 나가는 문도 필요치 않다. 이는 현상을 있는 그대로 읽어내고 있으며 치미는 감정을 여과 없이 나열하는 방식을 취하고 있다고 보아도 무방하다. 쉽게 읽힌다. 그렇게 읽혀진 시는 단지 아우라만으로도 내포된 의미는 전달된다. 독자의 읽는 고민을 덜어주는 듯 보이는 시편들은 그 내용의 지향하는 바가 자연이며 자신 안의 어떤 갈등 고민들도 결국에는 인간을 둘러싼 자연에 가 닿음으로 스스로 치유되고 있음을 보여준다. 그렇게 그의 시에 등장하는 자연이란 대게 고령이라는 지형과 무관하지 않다. 알약을 닮았을 능이 있는 고령의 풍광들은 시인인 이성자의 사유를 어둠이 아닌 환한 세계로 회천강을 데려와 씻기고 있음에 사랑도 죽음도 바람과 강과 길을 만나 무형화되는 과정이 시 안에 고스란히 장치되어 있음을 볼 수 있다.

따라서 그의 시를 몇 개의 유형별로 분류하여 살펴보면 첫째, 삶의 주변 풍경으로 자신의 사유를 녹여낸 시편들을 거론할 수 있겠고 둘째, 그가 자주 등장시키는 자연 즉 목木・화火・토土・금金・수水・풍風에 대한 시인의 감정의 변화를 낱낱이 읽을 수 있다. 셋째, 슬픔도 고통도 행복과 긍정으로 마무리하는 원만한 심성의 표현을 만나게 된다. 넷째, 깊이 있는 사유를 관념적이거나 어려운 시말이 아닌 평범한 문장 속에 버무려 넣은 유연한 시작법의 특장을 꼽을 수 있으며 다섯째, 삶의 체험을 타자의 언어를 통해 연륜에서 얻어진 원칙에 가까운 인생철학을 시어로 녹여내는 힘이 이번 첫 시집이다. 그가 세상에 내어놓을 서정의 전형에 가까운 이번 시집에서 또한 주목되어지는 것이다.

2.

주변 풍경 속에 자신의 감정을 실어낸 그의 시를 나열해보면 「장미꽃 삼단 서랍장」, 「너를 부른다」는 아마도 그가 살고 있는 지역의 식물군 중 개여귀라는 식물을 통해 행복에 대한 물음을 던지고 있으며 「모듬내길」 1,2 연작은 고령의 회천강을 끼고 나 있는 산책길을 통해 길에 대한 사유를 "길에서 길을 잃어버린 길을 /찾는다, 나이에 무거운 종 하나 매달아/닳고 닳아 뭉툭한 가슴이 /산책삼아 별 뜬 밤 모듬내길 다녀오니/어느새 깃털처럼 가벼워진다" 라고 시말로 엮어 놓았으며 여타 시편들도 장소를 거론한 시들은 「화본역」 「영시암」 「주름은 길이다」 「의자와 나」 「유등연지」 「원추리」 「남강에 앉아서」 「꽃은 달을 마신다」 「황강」 「행옹당」 「홍련암」 「봉평 메밀꽃잎 술」「봉정암」 등등이다. 그가 길을 통해 만났던 지명과 보고 들은 이야기들이 모두 시가 되는 걸로 보아 그의 시는 다분히 발품으로 얻어진 산물이지 않을까? 제목에서 이미 지명과 장소를 이야기하지 않더라도 시집의 전편 시들을 읽다보면 그는 그가 머문 어떤 장소에 대한 애착이 유독 심하다는 것을 알 수 있다. 다른 각도에서 보면 그가 살고 있는 고령을 중심으로 한 그의 시편들은 시로 쓴 관광 안내자료 같은 느낌도 배제할 수 없는 요소로 보여진다. 인간은 길에서 나고 결국 길에서 생을 마감한다고 볼 때 그 길은 실재하는 길일 수도 혹은 한 생의 완성 과정 상에 놓여진 길일 수도 있겠다. 시인 이성자는 그러고 보면 길 위의 시인이자 길에서 또 다른 길을 찾아가는 마치 순례자 같은 시적 행보가 시 전편에서 파노라마처럼 그려진다. 그가 쓴 시 중에서 언젠가는 승객들로 붐볐을 간이역 하나가 매우 인상적이다.

물결 일렁일 때 마다 꽃잎은 속삭였다

못물은 이내 홍련 향기 가득하고
바람이 지나갔다는 흔적인지
이제는 지워진 수많은 이름들
운동장 만국기로 걸렸다

펄럭인다, 느티나무는 이끼를 덮고도
내일이면 보내고 맞이할 봇짐 하나씩
발차시간 없는 기차에 실린다

>
우리는 여름 뙤약볕을 피해
더운 입김 뿜으며 냄비 우동을 비웠다

지는 꽃잎 놓쳐버린 꽃받침처럼
내일이면 여전히 빈손으로 떠나야하는
푸르도록 그리운 화본역花本驛

바람에 눕는 우산이끼 위에서
산모퉁이 돌아 나오는 기차처럼
나머지 생은
꽃잎 위에서 미끄럼을 타련다

―「화본역花本驛」 전문

과거 많은 사람들이 기차에 오르던 화본역, 지금은 쓸쓸한 추억을 안고 찾아온 관광객들이 과거의 시간과 현재를 믹서하고 쓸쓸함 뒤에 어떤 미래의 힘을 얻고 간다. 화본역을 시인 이성자는 “느티나무는 이끼를 덮고도 내일이면 보내고 맞이할 봇짐 하나씩 발차시간 없는 기차에 실린다”고 표현하고 있으며 “바람에 눕는 우산이끼 위에서 산모퉁이 돌아 나오는 기차처럼 나머지 생은 꽃잎 위에서 미끄럼을 타련다”라고 자신의 의지를 감성의 언어로 드러내고 있다. 하여 있는 그대로의 화본역이 시인의 정신 안에 들어와서 새롭게 설계되고 건축되고 기록되고 있는 것이다.

봉산댐이 내려다보이는 망향동산에 서서
굽이굽이 휘몰아쳐 지나는 물살을 본다

물은 수천 년을 흘러오면서
주름길을 내었다, 세월의 흔적처럼 땅위에
김선우의 시 '완경'이 그러했듯
내 어머니처럼 주름지고 말라버린 강
수없이 오고간 마음도 그 주름에 있듯이
수없는 사연들 흘러왔다 흘러간 것이다

상류, 아로새겨진 세월 휘돌아 오는 바람
물고기 입술 빛 몽환을 간지른다
젖어들게 하는 길의 곡선이 스며든 풀섶에 앉아
무엇을 낚으려 낚싯대 드리운 노인들
또 하나의 완경完經일 수도 있겠다

—「주름은 길이다」

앞서 본 구체적인 장소를 드러낸 경우의 시 「화본역花本驛」의 경우가 있는가 하면 일일이 거론하지 않아도 그의 시 전편에는 대게 그 시가 생겨나는데 있어 장소성이 바탕에 깔려있는 것을 볼 수 있다. 소개하는 「주름은 길이다」의 경우도 시인의 위치는 지금 봉산댐이 내려다보이는 망향동산이다. 그곳에서 휘몰아치는 물살을 보다가 어머니를 생각한다. 여자의 늙음 곧 폐경을 다룬 김선우라는 시인을 생각한다. 이때 바람은 상류를 돌아서 물고기의 입술빛 몽환을 간지른다는 직관을 얻는가 하면 낚싯대 든 노인의 무엇을 낚으려는 동작 속에서 어머니의 완경과

일치됨을 발견한다. 억지스럽지만 그의 이러한 사유는 제목에 드러나는 직관으로 다시 한 번 주목하게 한다. 사람의 몸에 생기는 늙음의 징표 같은 주름을 시인은 길이라 표현하고 있으니 결국 강도 물의 길이고 그 물에서 물고기를 건지려는 늙은 노인 또한 길을 데리고 길 위에 선 것 아니겠는가. 물과 바람의 이러한 현상들을 더 절실하고 실감나게 하는 등가물로 가져옴으로 그가 그려내는 길 위의 여정은 실재의 장소를 탐닉하다가도 어느새 은근 슬쩍 깊이 있는 사유를 장치화하는데 성공하기도 한다. 앞서 전제한 문이 별도로 없는데도 시 안에 사유의 통로를 두는 시는 시 「주름은 길이다」 외에도 여럿 보인다.

한편 이성자 시인의 시는 목木・화火・토土・금金・수水・풍風에 대한 시인의 인식이 다양하게 변주되기도 한다. 그의 시에서 나무나 풀은 곧 그 자신으로 환치된다고 볼 수 있으며 심리상태를 드러내기도 하고 어떤 경우에는 바람이나 물(이슬, 강 비) 등을 어떤 반응을 드러내는 과정을 통해 자연 속으로 동화되는 자신을 발견하려는 노력을 게을리 하지 않는 모습을 시말을 통해 보여준다. 살펴보면 나무나 물, 개여귀, 자작나무, 버들, 떨켜, 가문비나무, 느티나무, 금강송, 구절초, 상추, 장미꽃, 배나무, 벚나무, 복숭아나무 등등 많은 식물들이 시의 전반에 도배되어 있다. 이는 그만치 식물성에 민감하게 눈길을 주고 있는 것이며, 화火는 다양한 빛으로 해 달 등등 사물의 색을 관찰하고 묘사에 끌어들이는 것을 볼 수 있고, 지명과 생명의 성장 기반이 되는 땅 즉 죽음의 전부를 끌

어안는 땅을 노래하는가 하면 바람을 자신의 자유의식과 결합시키려는 의도를 시 전편에서 중의적인 바람이 아닌 구체화된 의식을 드러내기 위한 바람으로 환치하려는 시도를 엿볼 수 있다. 이렇게 볼 때 시인 이성자는 자연변화에 남달리 민감한 시인임에 틀림없다. 다시 말해 그가 시의 뜻과 내용을 전개함에 있어 자연친화적인 관찰과 언어를 능숙하게 아니 친숙하게 사용한다고 보여진다. 그가 얼마나 자연에 대한 긴밀한 인식을 드러내고 있는지 아래 시를 통해보자.

이건 봄이 아니라고
묵은 낫들 들어올려
활짝 핀 복사꽃 가지를 자른다

새 혓바닥 같이 뾰족한
새순에 찔려 빙그르르 돌리는 눈물
그 곳 너에게로 향하던
내 보드라운 마음은 이미 없다

질라재비 질라재비 눈물에
번지는 내 그림자
하르르 하르르 무너져 내리는 꽃잎처럼
생이 손 상처 위로 소슬바람 분다

후끈후끈 달아오른
복숭아나무 아린 상처에
내리는 보슬비는

쓰리다

—「봄빛」 전문

목 길게 빼고
어디론가
가고 있다

어데 확 쓸어 담는다고
담길 무엇 아니지만
물 밖
무엇 담으려고
목 길게 빼고
어룽지나

여름이 가는
길목에서

—「물꽈리아제비」 전문

이성자의 시 내용을 보면 사랑에 관한 주제가 많다는 걸 알게 된다. 슬픔도 고통도 행복과 긍정으로 마무리하는 따뜻한 심성의 그는 나름 슬프고 고통스럽다가도 그에 사랑의 결말은 늘 행복이다. 사랑이 아픔이나 고통에서 머물지 않고 행복이나 희망으로 결론지어진다. 어쩌면 이는 자신이 문제를 제시하는 동시에 처방전까지 써 놓았다는 느낌을 준다는 말이다. 아마도 자신이나 자신이 쓴 시를 읽고 나아닌 다른 사람이 아프기를 바라지 않는 걸까? 그건 약을 다루는 직업정신인지도 모른다. 그는 읍내의 약국에서 일한 지가 오래되었고, 남녀 간의 사랑뿐만 아니라 실제로 노약한 사람들의 "아프다" 라는 말을 늘 일상에서 들으며 지내기에 시에서도 그런 구조를 가져가는 것 아닌가, 추측해본다. 일견 그는 외강내유의 심성 소유자 아니겠는가, 하는 결론에 도달한다.

붉음으로 온통 순환되어버린
나무의 왼쪽 가슴자리에
생겨난 떨켜

가을이면 어김없이
겨울을 만나기 전에 먼저
나무가 내려놓는 고해의 자세다

상처에 남는 떨켜는
하릴없이 서성이는 마흔이
남기고 싶은 쓸쓸함의 흔적이다

수종이 너무 좋아서
아끼고 아껴 두었던 나무가
뿌리를 지키기 위해서
잎사귀를 먼저 내리듯이 그렇게
우리는 만났던 것

그대와 나
떨켜의 자리로 남았으면
아픔 없이 남았으면

그랬으면

—「떨켜의 자리」

연지蓮池의 파문에 눈 찔린 물고기
어리석게도 아주 어리석게도
어긋나는 사랑, 눈먼 사랑을 하였다

아이라인을 그릴 때처럼
두 눈을 갖고도 한쪽 눈을 감아버린 당신은
내 지고지순을 제대로 바라보지 못하였다

아프다 슬프다 이런 말이나 지껄이는 게 전부
아무 말도 하지 못하는 것이 사랑이라는 걸
당신은 알게 하고 훌쩍 떠났다

눈물이 흐르니까 아프구나!
목안이 조여 오니까 답답하구나!
그리우니까, 막연히 애달아 하다가
눈이 멀어 놓쳐버린 사랑을
가시연꽃 얼룩진 핏빛 자리에서 본다

정말 이별이란 건 말이야
산 그림자를 어둠이 뒤덮는 것
미끄덩한 지느러미는 가졌으나 마나
물에 빠져 지표를 잃는 것

남아 있는 외눈의 방향으로 허우적거리듯
물고기 연지를 돌고 돈다

—「 외눈박이 물고기」 전문

깊이 있는 사유를 관념적이거나 모호한 시말이 아닌 평범한 생활 속 언어로 문장 속에 버무려 넣은 유연한 시작법의 특장을 그의 시는 또한 지녔다. 해서 그의 시들을 읽는 동안 이해불가의 고민 따윈 생겨나지 않는다. 그러나 곱씹어 보면 다음 문장 같은 경우는 예사로운 문장이 아니다.

<길에서 길을 잃어버린 길을 /찾는다>, <남은 한쪽 발은 언제까지 안전할까 >, <바람이 바람 속으로 분다/ 숨죽인 바람이 낯선 바람을 지나/ 눅눅한 대지에 잠든 양을 깨운다>, <감당할 수 없는 감정의 물이 범람한 자리는/얼룩이 남더라 >, <내 어머니도 나도 피었다가/ 리라꽃처럼 깜빡 지지 않을까>, <늘어진 바람 때문에 강물은 아프고 /무게에 겨운 의자는 삐거덕거린다>, <만남보다는 이별이 더 많은 물의 속도에도/나 머리 푼 갈대를 꺾어 던져준다> 등에서 보여주는 직관의 형태는 아주 자연스럽게 문장 안에 스며들었다가 다시 독자의 뇌를 적신다.

또한 그의 시를 만만찮게 하는 요소는 삶의 체험을 타자의 경험언어를 통해, 연륜에서 얻어진 원칙에 가까운 인생철학을 시어로 녹여내는 힘인데 그러한 시들을 한번 보자.

참 괜히 왔다간다
땅을 한숨으로 물고 가는 저 할머니도
한 송이 꽃이었던 젊은 날이 있었겠다

>
그 어디에도 울기 좋은 곳은 없더라는
시간 앞에서 외로움은 그들의 식량

약국인 내 몸에 들어와 앓는 소리를 낸다

온 몸에 종양덩어리들 주렁주렁 매달고
촉석루 뒷마당에 밀려 선 석류나무처럼
그렁그렁 그렇게 산 날들이
골병이 들어 울퉁불퉁 박힌 상처로 남은 자리

속까지 익지 못한 석류에게
위로의 방식도 모르는 슬픔이란 벌레는
꿈틀꿈틀 기어간다

―「왔다 간다」 전문

고목나무 등걸 같은 손 꼬옥 붙잡고
'구미 국화축제'를 구경한다
낙동강 만발한 국화꽃 꽃잎들 사이를
두리번거리며 낯선 풍경을
눈 속에 새기는데
차올라 파문을 일으키는 강물은 눈물
살아온 세월 아무것도 아닌 것 모른 채
그저 자식 멕이고, 입히고, 시부모 모시고
팔십 평생 살아왔다는 할머니 푸념
그 푸념 주저리주저리 내려앉은 국화는
― 아이가. 참말로 시상(세상) 좋데이
― 내 우째 이런 별천지를 다 와 보것노

— 고맙니더 고맙니더
할머니의 탄성에
눈가에 방울방울 눈물 맺는다
왈칵 뜨거워진 내가
꽃 풍경 꾹꾹 눌러 담고 하늘을 쳐다보는데
아. 한평생 돌아가는 길 고단하던 삶
헤아릴 수 없이 많은 고통의 나날들도
잠깐이더라는
할머니의 거칠지만 따뜻한 손은
차갑지만 보드라운 내 손을 꼬옥잡는다
국화향기 속을 빠져 나온 낙동강 강물은
좋아서 흐르는 할머니의 눈물을 데리고
하늘과 맞닿은 물의 수평에 들고

— 「꽃만 봐도 눈물이」 전문

"참 괜히 왔다간다"라고 약국에 찾아온 손님, 아마도 할머니로 여겨지는 한 사람이 자연스레 한숨 섞어 내뱉는 한마디가 시인 이성자를 가슴 철렁하게 했을 수도 있겠다. 노인이 흔하게 내뱉은 이 한마디가 결국은 속까지 익지 못한 석류에게 위로의 방식도 모르는 슬픔이란 벌레를 알게 한 것이고 그 벌레가 오랫동안 꿈틀꿈틀 기어가는 걸 느꼈을 시인은 상상을 통해 그 어디에도 울기 좋은 곳은 없더라는 시간 앞에서 외로움은 늙고 병들고 아픈 그들의 식량임을 절감하고 있는 것을 위 시 「왔다간다」를 통해서 또 인생철학적인 시어를 획득한다. 그 아래 시 「꽃만 봐도 눈물이」는 '구미 국화축제'라는 현장에 그저 자식 멕이고, 입히고, 시부모 모시고 팔십 평생 살아왔다는 할머니를 모시고 꽃구경 가서 얻는 현장 체험의 산 경험언어로 보인다. 한평생 돌아가는 길 고단하던 삶 헤아릴 수 없이 많은 고통의 나날들도 잠깐이더라는 할머니의 말을 그대로 시 안에 박아 넣고도 무리 없이 눈물과 강물을 수평이라는 개념으로 마지막을 처리한 점도 매우 자연스럽게 느껴진다. 이처럼 여타의 시편에서도 타인과의 감정 나눔을 자연적인 등가물들과 무리 없이 연결하는 힘은 그의 서정시가 가지는 유려한 장점인 것이다.

3.

자연적인 등가물들을 가져와서 시말로 노래한다는 것의 커다란 함정은 어쩌면 막연한 관망으로 끝나는 시를 쓰게 될 공산이 크다. 이 시집에 등재된 시들도 다소 그러한 면이 없지 않다. 이는 안일한 서정시일 것이고 시인의 감정이 독자에게는 허황하게 인식될 경우가 종종 있으며 아마추어와 프로 혹은 취미로 시 쓰기와 책임감을 가지고 시를 쓰는 시인의 경계가 모호하기에 좀 더 시를 쓰는 자신의 동적인 개입과 독특한 상상 그리고 깊이 있는 사유를 한편 한편의 시에서 고민할 필요가 있다. 이미 지면으로 여러 사람에게 읽혀질 때는 그만한 책임이 시인에게는 분명 따른다. 따듯한 온정과 연민만으로는 좋은 시를 쓸 수 없듯이 어느 기성 시인도 시말로 뱉어내지 못한 신선한 충격이 필요하다. 매번 수작의 시를 쓸 수는 없겠지만 해설을 맡은 입장에서 개인적으로 나는 이런 유형의 시가 당분간 이성자 시인이 천착해야 할 시의 경향이 아닐까 조심스럽게 권유하고 싶다.

마른 멸치에게도 저녁에는 된장을 먹인다
항아리에서 수년을 보낸
누런 된장을 두어 숟가락 풀어 넣자
보글보글 끓는 바다를 떼 지어 몰려다니는 멸치들
모시조개는 바닥으로 눕혀놓고
감자알은 파도를 잠시 가려주는 바위로 놓아둔다
어머니 냄새는 달디 단 젖내가 되어
회전낙법으로 저녁의 집안을 구르며 누빈다
커튼이며 식탁 모서리 푸릇한 청춘은
씀벅 씀벅 어슷 썰어서 파 맛에 닿는다
팽팽한 긴장감을 지그시 누르는
팽이버섯은 매운 시집살이
은비늘 번뜩이던 그때를 회상하는지
마루 끝에 나앉아 파도소리 듣고 있다
멀리 가서 아니 계신 어머니가
된장찌개에 서린 김처럼 후루룩 말리더니
묵직한 그물의 밤을 당겨 올린다

— 「된장찌개」

밀가루 반죽을 욕심껏 쭈욱 미니
이리 펴지고 저리 펴지는 것이
본래의 형체는 어디가고
못나고 조잡스런 밀가루 반죽만 한 덩이

이게 나인가, 덩그렇다
마술사 어머니 스르륵 굴린 반죽은
가운데는 볼록하고 가에는 얇아서
방망이 모양대로 끝자락을 둘둘 말아 쥐니
안쪽에서 바깥쪽으로 쓸려
손끝에서 반죽은 제대로 출렁인다
도공의 손길이 그러했듯
어찌 저리 힘 하나 안 들이는 듯
어머니는 자연스러운가
쓸데없는 힘 잘 다스릴 줄 몰라
헛 손짓으로 빚은 내 반죽은
우르릉거리는 천둥에 불과하지
마른 먼지 들썩이는 날
그래도 어설픈 반죽 썰어 끓이니
뿌예진 눈앞에 그리운 어머니 얼굴
김발로 서려오고

—「손칼국수」 전문

마지막으로 시인 이성자는 조밀하고 상상의 변주가 시간의 주름을 접었다 펴기를 반복하는가 하면, 시간과 장소도 경계가 없는 시점의 변화가 다양한 위 시 두 편은 그가 묶어내는 이번 시집의 큰 수확임이 분명하다. 사유가 깊고 울림도 크다. 또한 그가 꿈꾸는 「시인의 집에는」이라는 시는 결국 길의 여정 끝에서 만날 집 아니겠는가. 사물의 경계를 허물고 화사한 부처가 되는 경지며, 사냥이 요란하지 않는 황새의 경지며, 절구가 된 시인이 언어의 연꽃을 빻는 경지에 이르기를 기대한다. 그리고 축하를 보탠다. 이 시집이 결국 시인 이성자에게 슬픔이 주지 않고 떠난 언질에 대한 화답이었으면 한다.

오래된 독 옆으로
큰 키 자랑하는 부용이
두어 송이, 앞 다투며 피었다
물레방아 흐르는 물에
산줄기 내려와
백련 수련 벙글리면
작은 연못은 화사한 부처다
젖은 논길의 황새가
벼 포기 속에서 건져 올린 먹이
사냥이 저리 요란하지 않음에
세상만사 제쳐둔다 해도 좋다
두 팔 벌려 받은 맑은 빗물이
절구통 속에 가두어졌으니
절구가 된 시인은
언어를 빻아 연꽃을 피운다
부는 바람에 긴 머리카락 흩날리는 날
시인의 마음밭에 피었던 꽃은
물살에 흔들리다
시름겹다

—「시인의 집에는」 전문

형상시인선 08 | 이성자 시집
배꼽이 맛있는 남자

인쇄 | 2016년 6월 26일
발행 | 2016년 6월 30일

글쓴이 | 이성자
펴낸이 | 장호병
펴낸곳 | 북랜드
06252 서울 강남구 강남대로 320 황화빌딩 1108호
대표전화 (02) 732-4574 | (053) 252-9114
팩시밀리 (02) 734-4574 | (053) 252-9334

등 록 일 | 1999년 11월 11일
등록번호 | 제13-615호
홈페이지 | www.bookland.co.kr
이-메 일 | bookland@hanmail.net

책임편집 | 김인옥
영　　업 | 최성진

ISBN 978-89-7787-662-5　03810
값 10,000 원